이 책을 펼쳐 본 어른들께

요즘 채소를 기르는 학교가 늘고 있습니다.
햇빛이 잘 드는 화단 몇 곳만 텃밭으로 일구어도
많은 채소를 기를 수 있답니다.
'학교 텃밭'에서 채소를 기르면, 우리 아이들이
깨끗하고 싱싱한 제철 채소를 먹게 될 뿐만 아니라
작물을 기르며 자연 공부도 하게 됩니다.
농사일은 거짓이 없다고 하지요.
콩 심은 데 콩 나고 팥 심은 데 팥 나며,
살뜰히 보살핀 만큼 수확을 할 수 있어요.
그래서 텃밭 농사를 지으면서
자연스럽게 인성 교육도 함께 이루어집니다.
학교 텃밭의 작물들이 우리 아이들처럼
싱싱하게 자라나는 과정을 지켜봐 주세요.

* 잎줄기채소 4종, 열매채소 3종, 뿌리채소 2종, 그리고 곡식 3종까지
  모두 12가지 텃밭 작물을 그렸습니다.
  이 책에서 파종한 때는 대체로 중부 지방을 기준으로 삼았습니다.

안녕, 반가워요.
나는 이 책에 그림을 그린 화가 아줌마예요.
오늘은 '학교 텃밭'에 왔어요.

학교 텃밭이 뭐냐고요?
학교 안에 있는 밭을 가리키는 거예요.
요즘 밭을 일구고 여러 가지 채소를 기르는 학교가 많아졌어요.
화단보다 텃밭이 더 넓은 학교도 있답니다.

올해는 학교에서 어린이들과 함께
농사를 지어보려고 해요.
기른 작물로 맛있는 밥과 반찬도 만들어 볼 거예요.

이제 책장을 넘겨보세요.
화가 아줌마와 어린이들이 함께 짓는
학교 텃밭 농사가 시작될 거예요.

초등학교에서 많이 심는 채소 9종과 곡식 3종 가꾸기
우리학교 텃밭

제1판 제1쇄 발행일 2012년 9월 30일
　　　제8쇄 발행일 2022년 5월 5일

기획 _ 바람하늘지기, 책도둑(김민호, 박정훈, 박정식)
글 _ 노정임
그림 _ 안경자
감수 _ 노환철
추천 _ 배성호
디자인 _ 토가 김선태

펴낸이 _ 김은지
펴낸곳 _ 철수와영희
주소 _ 서울시 마포구 월드컵로 65, 302호(망원동, 양경회관)
전화 _ 02-332-0815
전송 _ 02-6003-1958
전자우편 _ chulsu815@hanmail.net
등록 _ 제319-2005-42호
ISBN 978-89-93463-34-7 77400

ⓒ 바람하늘지기, 노정임, 안경자 2012

* 이 책에 실린 일부나 전부를 다른 곳에 쓰려면 반드시
  저작권자와 철수와영희 모두한테서 동의를 받아야 합니다.
* 잘못된 책은 출판사나 처음 산 곳에서 바꾸어 줍니다.
* 철수와영희 출판사는 '어린이' 철수와 영희, '어른' 철수와 영희에게
  도움 되는 책을 펴내기 위해 노력하고 있습니다.

어린이제품 안전특별법에 의한 기타 표시사항

제품명 도서 | **제조자명** 철수와영희 | **제조국명** 한국 | **전화번호** (02)332-0815 | **제조연월** 2022년 5월 | **사용연령** 8세 이상
주소 04018 서울시 마포구 월드컵로 65, 302호(망원동, 양경회관)
주의사항 종이에 베이거나 긁히지 않도록 조심하세요. 책 모서리가 날카로우니 던지거나 떨어뜨리지 마세요.

초등학교에서 많이 심는 채소 9종과 곡식 3종 가꾸기

우리학교 텃밭

기획 **바람하늘지기** | 글 **노정임** | 그림 **안경자**

철수와영희

학교 텃밭

학교 텃밭에 무엇을 심어 볼까요?
일 년 동안 먹을 수 있게 고루고루 심을 거예요.
잎줄기채소, 열매채소, 뿌리채소,
그리고 곡식과 콩도 심어요.

■ 학교 텃밭 농사 계획표

	작물	심는 때	거두는 때
잎줄기채소	상추	3~4월	5~6월
	쑥갓	3~4월	5~6월
	대파	3월	9~10월
	감자	3월	6월
열매채소	가지	4~5월(모종)	7~9월
	토마토	4~5월(모종)	7~9월
	오이	4~5월(모종)	7~9월
뿌리채소	고구마	5월(줄기)	10월
	도라지	4월	10~11월
곡식과 콩	옥수수	4~5월	7~8월
	강낭콩	4월	6~7월
	밭벼	4~5월	10월

농사를 짓기 전에 준비할 게 있어요.
농사 계획표를 짜고, 농기구와 거름을 준비해요.

학교 창고에는 농기구가 가득해요.
땅의 힘을 키워 줄 거름도 준비했어요.

이제 밭을 만들러 학교 텃밭으로 가 볼까요?

겨우내 단단해진 밭을 부드럽게 갈아요.
땅을 간 뒤에는 두두룩하게 흙을 쌓아 올려 '이랑'을 만들고,
이랑과 이랑 사이에 걸어 다니기 좋게 '고랑'을 만들어요.

상자 텃밭 상자에 흙을 담아 채소나 곡식을 기를 수 있어요. 상자 텃밭은 날씨나 계절에 따라 옮기기도 쉽고, 자투리 장소가 있으면 어디에서든 농사를 지을 수 있지요.

씨를 뿌릴 이랑에는 거름을 솔솔 뿌리고
흙과 잘 섞어 주어요.
이제 밭이 씨앗을 틔울 준비를 다 했어요.

이랑

고랑

농사를 준비하는 첫걸음은 흙을 준비하는 거예요.
텃밭의 흙에는 농작물이 먹을 여러 가지 영양분이 들어 있어야 해요.
또 물과 공기도 들어 있어야 하지요. 여기에 거름을 뿌려서
땅을 기름지게 하면 농작물이 더욱 잘 자라요.
기름진 땅일수록 부드럽고 물기와 영양분을 알맞게 품고 있거든요.
하지만 거름이 많다고 좋은 것은 아니에요.
화학 거름은 물론이고 천연 거름도 너무 많이 뿌리면
오히려 흙이 균형을 잃거나 거칠어지기도 하지요.
거름을 알맞게 뿌린 뒤에 땅을 갈아주면 씨를 뿌렸을 때
뿌리가 더욱 잘 내려요. 땅 속에 비어 있는 작은 틈으로
식물의 뿌리가 힘차게 뻗어나가지요.
흙은 모든 생명을 자라게 하는 고마운 자원이에요.

밭을 준비하고 나면, 씨앗을 준비해요.
씨앗을 직접 뿌리기도 하고, 모종을 심기도 해요.
싹을 틔운 모종을 밭에 옮겨 심으면 더 잘 자라지요.
이제 씨를 뿌리러 학교 텃밭으로 가요.

상추 갸름하고 끝이 뾰족해요.
상추는 풀색과 붉은색, 잎이 좁은 것과 넓은 것 등 종류가 아주 많아요.
좋아하는 상추를 골라서 심어요.

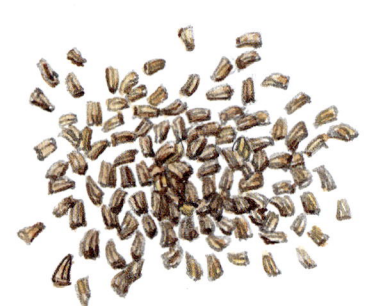

쑥갓 납작하고 줄이 져 있어요.

대파 동글동글하고 색은 까매요.

감자 싹이 난 씨감자를 2~4조각으로 잘라서 심어요.
잘라낸 조각마다 씨눈이 두세 개쯤 있으면 되지요.

고구마 씨앗을 심지 않고 줄기를 심어요.
고구마를 통째로 땅에 묻어 두면 한 달쯤 지나 줄기가 자라나는데, 이렇게 나온 줄기를 잎 서너 장이 달리게 잘라서 심지요.

도라지 도라지는 여러해살이 작물이에요. 그래서 씨앗을 심기도 하고, 작년에 심었던 도라지 뿌리를 옮겨심기도 해요.

가지 씨앗은 작고 납작해요.
주로 모종으로 심어요.

토마토 토마토, 가지, 고추는 모두 가지과
식물이라서 씨앗도 비슷하게 생겼어요.

오이 갸름한 달걀 모양이에요. 한쪽 끝이
뾰족해요. 대개 모종으로 심어요.

옥수수 어금니처럼 생겼어요.
노란색 옥수수가 많아요.

강낭콩 사람의 콩팥 모양과 비슷해요.
색은 붉은 밤색이에요.

밭벼 밭에서도 벼를 기를 수 있어요.
논에 심는 벼와 구별 지어서 밭에 심는 벼를 '밭벼'라고 해요.
진한 소금물에 볍씨를 넣어서 튼튼한 볍씨를 골라요.
물에 뜬 것은 버리고 가라앉은 볍씨만 씨앗으로 써요.
소금물에서 볍씨를 건져서 깨끗한 물로 소금기를 씻어 내요.

포슬포슬 부드러운 흙에 씨앗을 뿌려요.
고랑으로 걸어 다니면서, 이랑에 씨앗을 뿌리지요.

[* 씨 뿌리는 때]

상추 씨앗이 작고 가벼워서 한 알씩 심기는 어려워요. 고운 흙과 함께 섞어서 고루고루 흩어 뿌려요. [3~4월] *

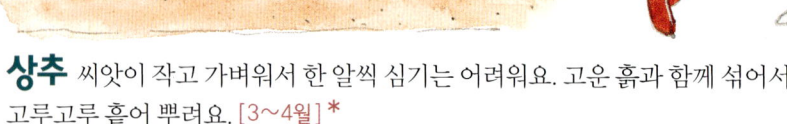

쑥갓 호미로 골을 만들고 줄뿌림해요. 씨앗을 뿌린 다음에 흙을 살살 덮어 주어요. [3~4월]

대파 쑥갓처럼 줄뿌림을 하거나, 상추처럼 골고루 흩어 뿌려요. [3월]

감자 씨감자의 눈이 하늘을 향하게 놓고, 흙을 10cm정도로 높게 덮어 주어요. [3월]

고구마 고구마 줄기를 비스듬히 눕혀 놓듯이 심어요. 흙을 부드럽게 갈고 심으면 고구마가 더 많이 달려요. [5월]

도라지 도라지 뿌리를 옮겨 심어요. 비스듬히 눕혀 심고 흙을 덮고 눌러 주어요. [4월]

토마토 모종의 뿌리가 들어갈 만큼 구멍을 파고 심어요. 뿌리에 물을 듬뿍 준 다음에 심어도 좋아요. [4~5월]

가지 잎이 크고 널찍하게 자라기 때문에 간격을 두고 심어요. 좋은 모종은 색이 짙고 줄기가 튼튼해요. [4~5월]

밭벼 막대기나 호미로 구멍을 파고 볍씨 5~8알을 넣어요. 어른 한 뼘씩 띄워서 점뿌림을 해요. 줄뿌림을 하기도 해요. 논벼는 대개 모내기를 하고, 밭벼는 씨앗을 직접 뿌려요. [4~5월]

오이 뿌리의 흙이 떨어지지 않게 옮겨 심어야 잘 자라요. 토마토나 오이는 키가 크게 자라기 때문에 띄워서 심어요. [4~5월]

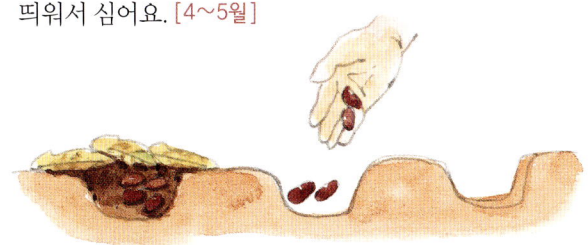

강낭콩 서너 알씩 심어요. 비둘기 같은 새들이 심은 콩을 먹지 못하게 낙엽으로 덮어두면 좋아요. [4월]

옥수수 서너 알씩 심어요. 키도 크고 잎도 크게 자라기 때문에 띄워서 심어요. [4~5월]

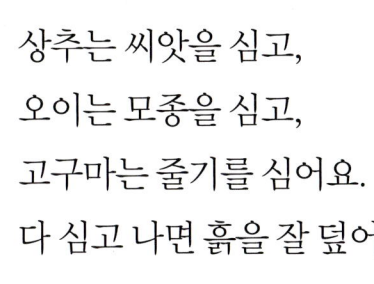

상추는 씨앗을 심고,
오이는 모종을 심고,
고구마는 줄기를 심어요.
다 심고 나면 흙을 잘 덮어 주고 물을 흠뻑 주어요.

생각해 보았나요? 거름은 만들 수도 있지만,
물은 만들어 내지 못한다는 사실! 가뭄이 들면 하늘을 보며
비가 오길 기다리는 수밖에 없어요. 땅이 아무리 기름져도 물이 없으면
싹을 틔우지 못합니다. 그래서 필요한 때에 내리는 비는
농부들에게 무척 고맙고 반가운 손님이에요.
비가 흠뻑 온 뒤 이삼 일 지나서 씨앗을 뿌리면 씨앗은 물을 충분히
마시며 튼튼하게 싹을 틔우지요. 물을 좋아하는 고구마는 비가 오는 날에
심으면 잘 자라요.
우리나라 기후는 씨앗을 뿌리는 봄에 가뭄이 많이 드는 특징이 있어요.
그래서 빗물을 잘 관리하기 위해 오래전부터 저수지를 만들거나
빗물을 받아두는 노력들을 해 왔답니다.

싹이 올라왔어요!
싹이 난 모습은 언제 보아도 참 놀라워요.
실같이 가느다란 싹도, 보드라운 떡잎도
단단한 흙을 뚫고 나와요.

쑥갓

상추

대파

감자

고구마

도라지

촘촘히 싹이 올라오면 '솎아 내기'를 해 주어요.
잎이 겹쳐 자라면 햇빛을 받지 못해서 잘 자라지 않기 때문이에요.

이제 솎아 내기를 하러 학교 텃밭으로 가요.

빽빽하게 모여 난 싹은 솎아 주어요.
열매가 달리는 채소는 버팀대를 세워 주고,
뿌리를 먹는 채소는 흙을 높이 올려 주지요.

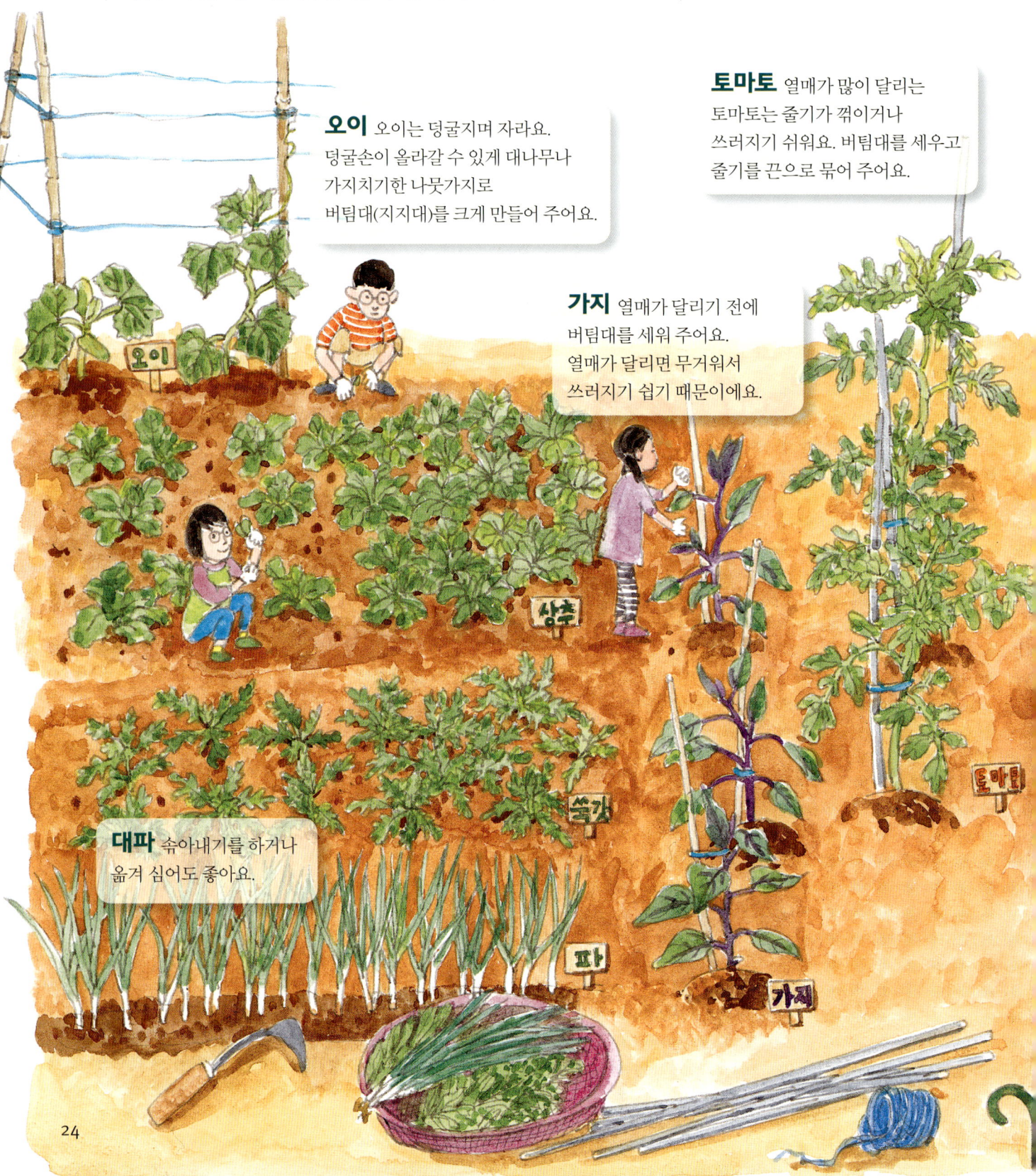

오이 오이는 덩굴지며 자라요. 덩굴손이 올라갈 수 있게 대나무나 가지치기한 나뭇가지로 버팀대(지지대)를 크게 만들어 주어요.

토마토 열매가 많이 달리는 토마토는 줄기가 꺾이거나 쓰러지기 쉬워요. 버팀대를 세우고 줄기를 끈으로 묶어 주어요.

가지 열매가 달리기 전에 버팀대를 세워 주어요. 열매가 달리면 무거워서 쓰러지기 쉽기 때문이에요.

대파 솎아내기를 하거나 옮겨 심어도 좋아요.

그리고 나서 거름을 주면,
햇빛을 잘 받아서 더욱 힘차게 자랄 거예요.

옥수수와 콩 키가 큰 옥수수 사이사이에 콩을 심으면 좁은 땅에도 여러 포기를 심을 수 있어요.

감자 흙을 올려 북을 주어요. 뿌리 가까이의 흙을 높이 올려주면 감자가 더 많이 달리고 알이 굵어지지요.

밭벼 벼는 물을 좋아하는 작물이므로 물을 넉넉히 뿌려 주어요.

모든 식물은 햇빛을 먹고 자라요.
푸른 잎으로 햇빛을 받아서 영양분을 만든답니다.
이를 '광합성'이라고 해요. 광합성을 해서 만든 영양분은
식물의 키도 쑥쑥 자라게 하고 꽃과 열매를 살찌우지요.
작물이 한창 자랄 때 안개가 많이 끼거나 오랫동안 흐려서
햇빛을 적게 받으면 비실비실 약하게 자라요.
지구에 사는 모든 생명들에게 필요한 에너지는 태양 빛을 에너지로
바꿀 줄 아는 재주를 가진 식물에서 온다고 할 수 있답니다.
햇빛이 없다면 식물이 자랄 수 없고, 식물이 자라지 못한다면 먹을거리가
없으니까 모든 동물들도 살아갈 수 없어요. 마찬가지로 사람도
식물이 태양 에너지로 만든 영양분을 먹고 사는 거예요.

텃밭에서는 다른 풀들도 많이 올라와요.
풀이 텃밭 작물보다 크게 자라기 전에 김매기를 해 주어야 해요.
풀은 뿌리로 작물의 영양분을 빼앗거나 햇빛을 가려
작물이 자라는 걸 방해하기 때문이에요.

텃밭에는 벌레들도 많아요.
벌레들이 채소를 다 먹기 전에 잡아야 해요.

이제 김매고 벌레 잡으러 학교 텃밭으로 가요.

나물로 많이 먹는 풀들

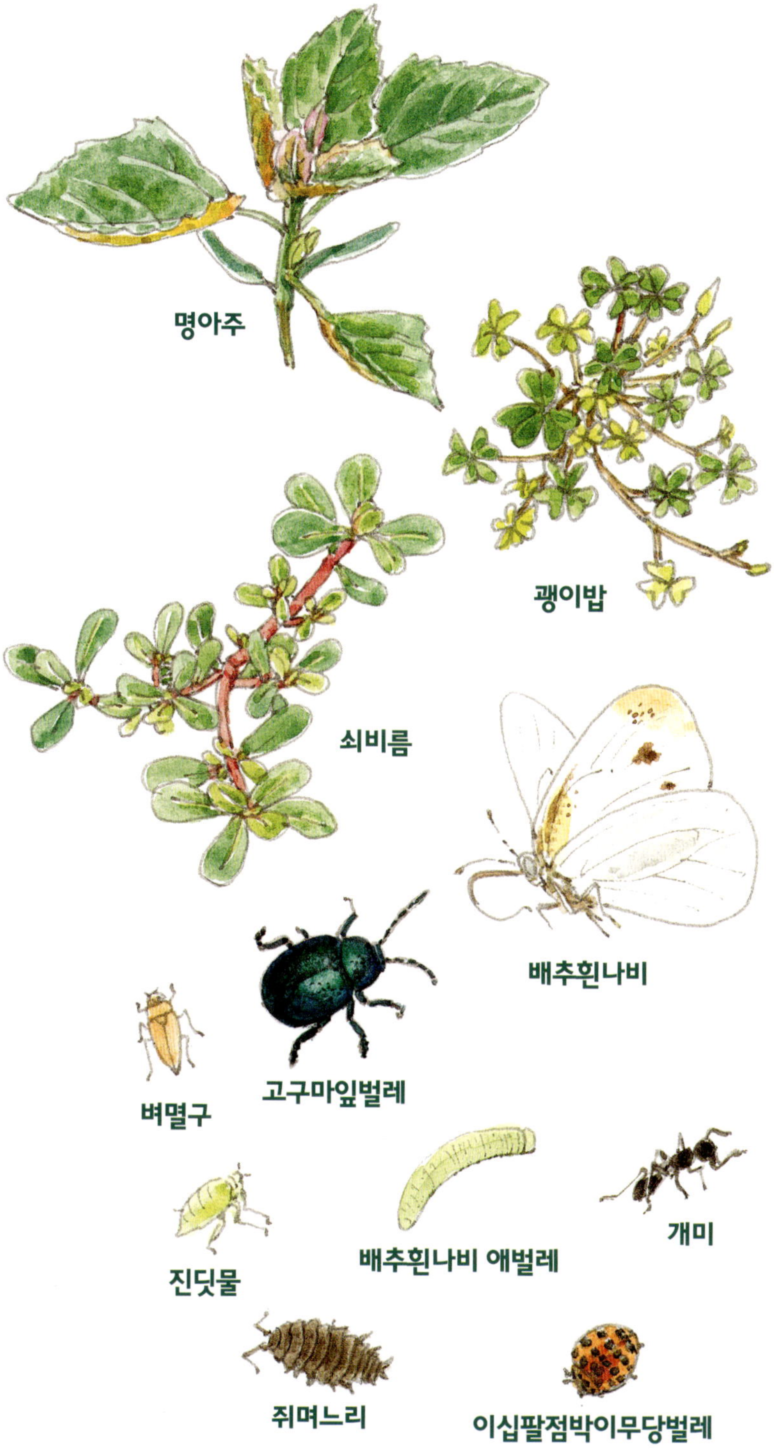

농사를 도와주는 벌레들

텃밭의 작물들은 살뜰하게 보살펴 줄수록 잘 자라나요.
풀을 뽑을 때에는 뿌리까지 캐내야 해요.
김을 맬 때 농기구는 호미를 써요. 작은 풀은 손으로 쏙 뽑아내지요.

상추

쑥갓

밭벼 벼와 비슷한 풀이 나요.

감자에 무당벌레가 날아왔어요.
감자 잎에 생긴 진딧물을 잡아먹으러 온 거예요.
진딧물이나 잎을 갉아먹는 벌레들을 없애 주어요.

풀을 뽑아내고 벌레를 잡고 나면
거름을 주고 물을 주어요.

감자 잎에 진딧물이 생겼어요.
쪼글쪼글한 잎의 뒷면을 보면
진딧물이 오글오글 모여 있지요.
진딧물을 없애기는 쉽지 않지만
천연 살충제를 만들어서 분무기로
뿌리면 줄일 수 있어요.
천연 살충제는 물엿이나 식초를
물과 섞어서 만들어요.
진딧물이 다닥다닥 많이 붙은 잎은
통째로 떼어내기도 해요.

뽑아도 뽑아도 계속 나는 풀을 보면 골치가 아파요.
그러면 밭에 난 풀들만 골라서 싹 없애버리고 싶은 마음이
마구 생겨요. 이렇게 풀을 미워하기 시작하면 농약을 써서라도
없애고 싶어질 거예요. 하지만 정말 풀이 하나도 없다면 농사가 잘 될까요?
풀이 없는 곳은 사막과 같아요. 풀이 있으면 땅이 바짝 마르는 것을
막아 주고 땅의 힘을 길러 준다고 해서 풀을 뽑지 않고
작물을 기르는 농부들도 있답니다.
텃밭에 자라는 풀 중에서는 먹을 수 있는 나물도 있으니까
어떤 풀인지 알고 나서 김매기를 하면 반찬거리를 얻을 수도 있어요.
또 못 먹는 풀은 모아서 거름을 만들어 쓰면 땅을 기름지게 할 수 있지요.

학교 텃밭에 꽃들이 활짝 피었어요. 토마토와 오이 꽃은 노란색이고, 가지 꽃은 보라색이에요. 강낭콩 꽃도 참 예쁘지요?
벼와 옥수수는 작은 풀색 꽃이 피어요.
학교 텃밭에 꽃이 피면 어떤 일을 하러 갈까요?

가지
보라색 꽃이 피어요.

토마토
노란 꽃이 피어요.

오이
수꽃, 암꽃이 따로 피어요.

강낭콩
나비 모양 꽃이 피어요.

옥수수
수꽃, 암꽃이 따로 피어요.

밭벼
눈에 잘 띄지 않는 자잘한 풀색 꽃이 피어요.

쑥갓 국화와 비슷하게 생긴 꽃이 피어요.

상추 상추, 쑥갓과 같은 잎줄기채소들은 꽃이 피고 나면 잎이 질겨져요. 그래서 꽃이 피기 전에 먹지요.

감자 꽃을 따 주면 영영분이 땅속줄기로 가서 감자가 굵어지지요. 예쁜 꽃을 보려고 그냥 두기도 해요.

대파 작은 꽃이 여러 개 모여 둥근 모양을 이루어요. 씨앗을 받기 위해서 한두 포기만 이듬해 봄까지 기르기도 해요.

고구마 나팔꽃과 비슷하게 생겼어요. 꽃이 잘 피지 않기 때문에 보기가 어려워요. 따뜻한 지역에서 자라는 고구마나 한여름일 때 가끔 꽃을 피워요.

도라지 보라색 꽃이 피어요. 예쁜 꽃을 보려고 그냥 두기도 해요.

열매를 먹는 작물은 꽃이 잘 피어야 해요.
꽃이 핀 자리에 열매가 맺히니까요.
열매채소와 곡식은 탐스러운 꽃이 피도록 도와주고,
반대로 잎줄기채소와 뿌리채소는
영양분이 잎과 뿌리로 가도록
꽃을 따내 주어요.

토마토
꽃이 너무 많이 달리면 솎아 내기를 해 주세요.

가지
아래쪽에 나는 줄기와 꽃은 따 주어요.

오이
처음 핀 꽃은 따 주어요.

열매채소와 곡식은 꽃가루받이가 되어야 열매가 열리는데
꽃가루받이는 꽃이 스스로 하지 못해요.
나비나 벌, 또는 바람의 도움이 필요하지요.

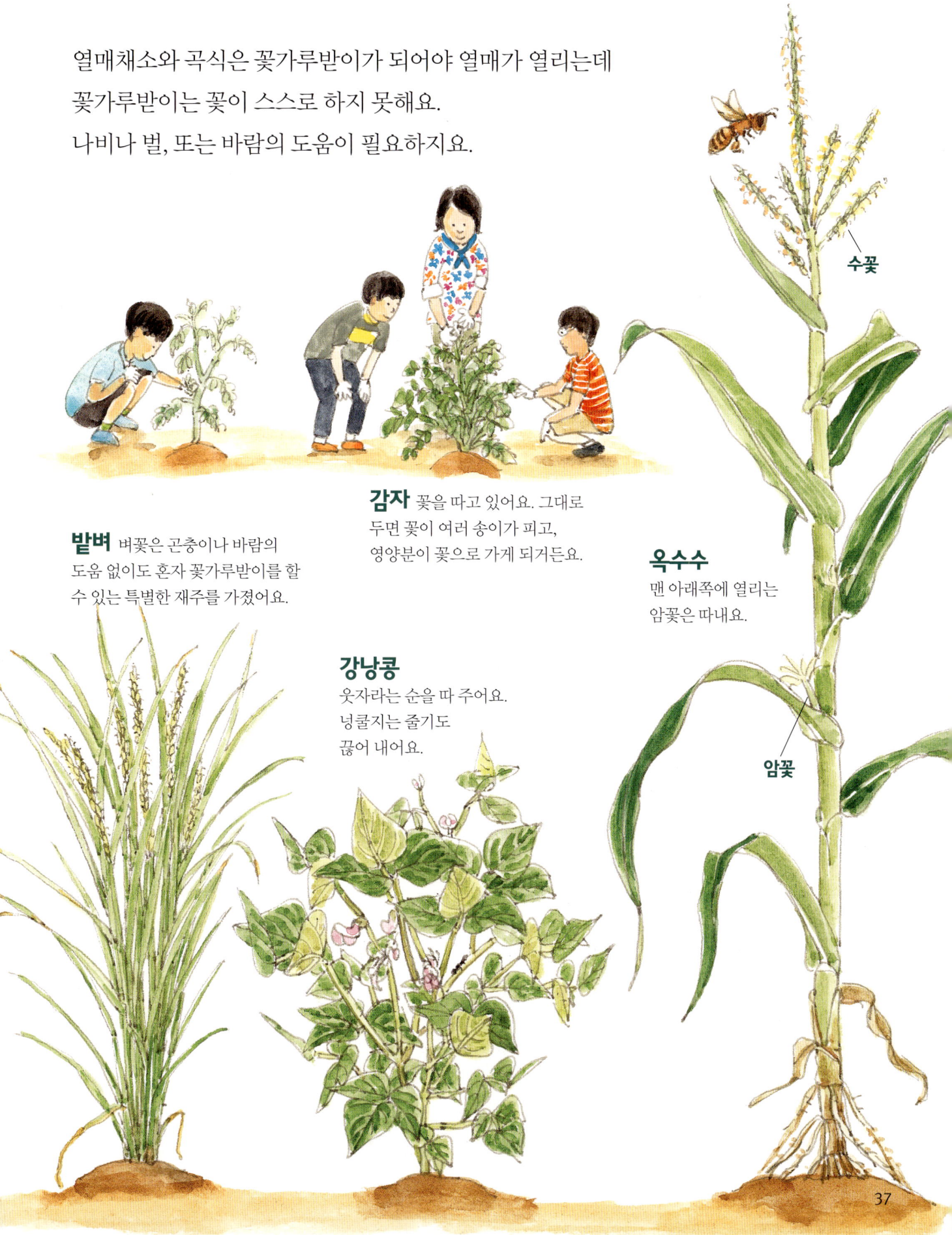

감자 꽃을 따고 있어요. 그대로 두면 꽃이 여러 송이가 피고, 영양분이 꽃으로 가게 되거든요.

밭벼 벼꽃은 곤충이나 바람의 도움 없이도 혼자 꽃가루받이를 할 수 있는 특별한 재주를 가졌어요.

강낭콩 웃자라는 순을 따 주어요. 넝쿨지는 줄기도 끊어 내어요.

옥수수 맨 아래쪽에 열리는 암꽃은 따내요.

수꽃

암꽃

작물에 해를 주는 벌레도 있지만, 벌레와 식물은
서로 도움을 주고받아요. 함께 살면서 서로 도움을 주고받는 사이를
'공생' 관계라고 하지요. 벌과 나비는 식물의 꽃에서 꿀과 꽃가루를 얻고,
식물은 벌과 나비 덕분에 꽃가루받이를 하는 공생 관계예요.
개미나 등에 같은 벌레도 꽃가루받이를 하기도 해요. 겨울철 비닐하우스에는
곤충이 살지 않기 때문에 일부러 벌을 넣어서 꽃가루받이를 한답니다.
꽃가루받이를 가장 많이 하는 벌레는 바로 '벌'이에요.
그런데 환경 오염과 기후 변화 등으로 벌이 줄어들고 있대요.
만약 벌이 사라진다면 콩도 오이도 열매를 맺지 못할 수 있어요.
열매를 맺지 못하는 작물이 늘어나면 식량 문제가 심각해질 거예요.
이처럼 벌레도 농사를 도와주는 소중한 친구예요.

학교 텃밭의 작물들이 다 자랐어요.
봄, 여름, 가을 철마다 거두는 채소가 달라요.
제철에 거둔 채소가 맛도 훨씬 좋지요.

이제 채소와 곡식을 거두러 텃밭으로 가요.

[* 거두는 때]

상추
[5~6월] *

쑥갓
[5~6월]

감자
[6월]

강낭콩
[6~7월]

옥수수
[7~8월]

● 봄부터 여름까지 거두어요

상추 밑에서부터 잎을 따서 먹어요. 더운 여름이 오면 잎이 물러지기 때문에 봄에 심은 상추는 더운 여름이 오기 전까지 먹어요.

쑥갓 상추와 쑥갓은 빨리 잘 자라요. 꽃이 활짝 피기 전까지 먹을 수 있어요.

감자 잎이 누래지고 줄기가 땅으로 쓰러지면 캐요. 여름 장마가 시작되는 하지 전에는 꼭 캐야 해요.

맑은 날 텃밭에 가서
상추와 쑥갓은 잎과 줄기를 뜯고,
감자와 파는 뿌리째 뽑아요.
오이와 강낭콩은 열매를 따고,
고구마와 도라지는 뿌리를 캐지요.

강낭콩 꼬투리가 단단하게 익으면 따요. 꼬투리가 벌어지기 전에 따야 해요.

옥수수 한여름에 익어요. 옥수수수염이 붉어지고 마르면 다 익은 거예요.

● 여름부터 가을까지 거두어요

가지 보라색으로 익고 반질반질 윤이 나요. 열매꼭지에 가시가 있으니까 찔리지 않게 조심해서 따요. 한여름부터 초가을까지 열매가 달려요.

오이 가지나 토마토처럼 열매가 익을 때마다 따면 되어요. 알맞게 자라면 따요.

토마토 빨갛게 익어요. 너무 많이 익으면 열매가 터지니까 그 전에 따요.

고구마 잎이 누렇게 되면 캐요. 추위에 약하기 때문에 서리가 내리기 전에 꼭 캐야 해요.

밭벼 잎이 노랗게 되고 이삭이 고개를 숙이면 줄기를 베어요. 벼의 줄기는 질겨서 자르기 쉽지 않아요. 낫을 쓸 때에 손이 베이지 않게 조심해야 해요.

대파 알맞게 자라면 뿌리째 쏙 뽑아요.

도라지 잔뿌리가 끊어지지 않도록 캐어요.

땅의 힘은 놀라워요.
자그마한 텃밭에서 여러 가지 채소와 곡식이 알차게 자랐어요.
학교 텃밭에서 채소와 곡식을 거두어 다듬고 씻었어요.

● 잎줄기채소

상추 쑥갓

대파

감자

● 열매채소

가지 토마토

오이

학교 텃밭에서 거둔 채소와 곡식으로 음식을 만들어 볼까요?

● 강낭콩을 넣은 현미밥

현미 / 강낭콩 → 쌀을 찬물에 씻어요. 3~4번 정도 가볍게 저어가며 씻으면 되어요. → 찬물을 부어 30분쯤 불려요. → 불린 쌀과 강낭콩을 넣고 물의 양을 맞추어요. 물은 쌀과 같거나 조금만 더 넣어요. → 전기밥솥에 넣고 밥을 지어요. → 완성!

● 감자전

감자 껍질을 깎아 내고 깨끗이 씻어요. → 강판에 간 감자를 천에 넣고 물기를 짜 내어 건더기만 모아요. → 감자 건더기를 큰 그릇에 담고, 밀가루, 소금을 넣고 반죽해요. 여기에 애호박을 채 썰어서 넣어도 좋아요. → 프라이팬을 불에 달구고 식용유를 두른 다음, 반죽을 넣고 노릇하게 구워 내요. → 완성!

● 찐 고구마

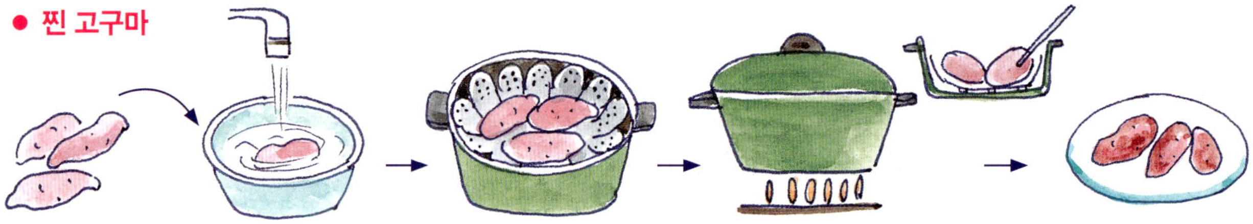

껍질째 깨끗이 씻어요. → 껍질을 벗기지 않고 찜냄비에 넣고 쪄요. → 물이 팔팔 끓기 시작하면, 불을 줄여서 20~30분 정도 더 익혀요. 쇠젓가락이 쑤욱 들어가면 고구마가 다 익은 거예요. → 완성!

● 삶은 옥수수

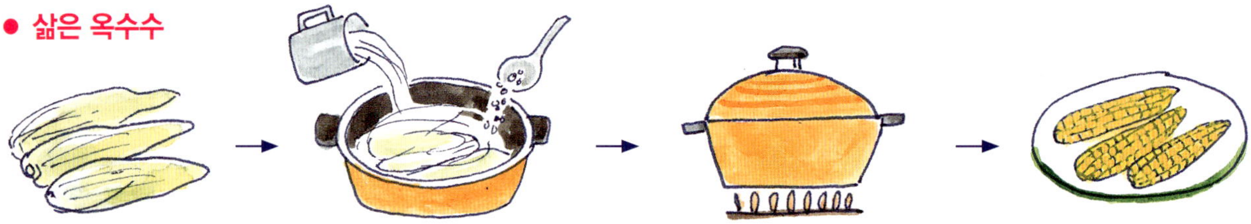

옥수수 겉껍질을 벗기고, 속껍질은 남겨두세요. 맛이 빠져나가지 않아 좋아요. → 옥수수를 냄비에 담고 물을 부어주세요. 옥수수가 폭 잠길 만큼 부어 주세요. → 소금을 조금 넣고, 약 30분 정도 센 불로 삶은 다음, 약한 불에 10분쯤 뜸을 들여 주세요. → 완성!

● 토마토

토마토는 채소인데, 과일처럼 날것으로 많이 먹어요. → 식초를 떨어뜨린 물에 씻은 뒤, 흐르는 물로 씻어 주세요. 식초는 소독을 해 주지요. → 물기를 빼고, 열매꼭지를 떼 낸 다음에 칼로 잘라 주세요. → 완성!

오늘의 밥과 반찬

일 년 동안 어린이 친구들의 키도 부쩍 자랐고
채소도 잘 자랐어요.
텃밭 농사를 같이 지으면서 친구들은 더욱 친해졌어요.

텃밭 농사를 하면서 가장 즐거운 때는
맛있는 음식을 만들어 먹을 때예요.
손수 기른 채소와 곡식으로 차린 밥상이라
더욱 맛있고요, 친구들과 같이 먹으니까
더욱 더 맛있어요.
텃밭에서 제철에 거둔 채소와 곡식은
건강하게 자랐기 때문에 싱싱하고 맛있지요.

가지나물

쑥갓나물

강낭콩을 넣은 **현미밥**

다음 해에도 학교 텃밭에서 농사를 지을 거예요.
급식을 먹고 남은 음식, 텃밭에서 뽑은 풀, 가을에 떨어진 나뭇잎들도 모아서 거름을 만들어 두어요.
이렇게 거름을 만들어서 텃밭에 뿌리면, 쓰레기로 버려지는 것이 없이 흙을 기름지게 하고 작물은 튼튼하게 자랄 거예요.

거름

내년에 또 함께 농사를 지어보자고요!

더 알고 싶은 텃밭 농사 이야기

● **씨앗 이야기**

❖ **씨앗은 어디서 구하나요?**

텃밭에 주로 심는 씨앗과 모종은 종묘상에서 쉽게 구할 수 있어요. 종묘상은 농작물의 씨앗이나 묘목을 파는 가게예요. 종종 꽃가게에서 팔기도 하지요. 이렇게 파는 씨앗은 균을 없애려고 소독이 되어 있기 때문에 씨앗을 만진 다음에는 비누로 손을 깨끗이 씻어야 해요. 밭벼는 가게에서는 팔지 않아요. 밭벼 농사를 짓는 분들께 구해서 심지요.

❖ **씨앗은 꼭 가게에서 사야 하나요?**

처음 농사를 짓는다면 씨앗을 구해서 심어야 해요. 하지만 올해 농사를 지었다면 그림과 같은 방법으로 다음해에 뿌릴 씨앗을 얻을 수 있어요.

* **잎줄기채소**

상추 꽃 ⋯▶ 열매 ⋯▶ 씨앗   쑥갓 꽃 ⋯▶ 열매 ⋯▶ 씨앗

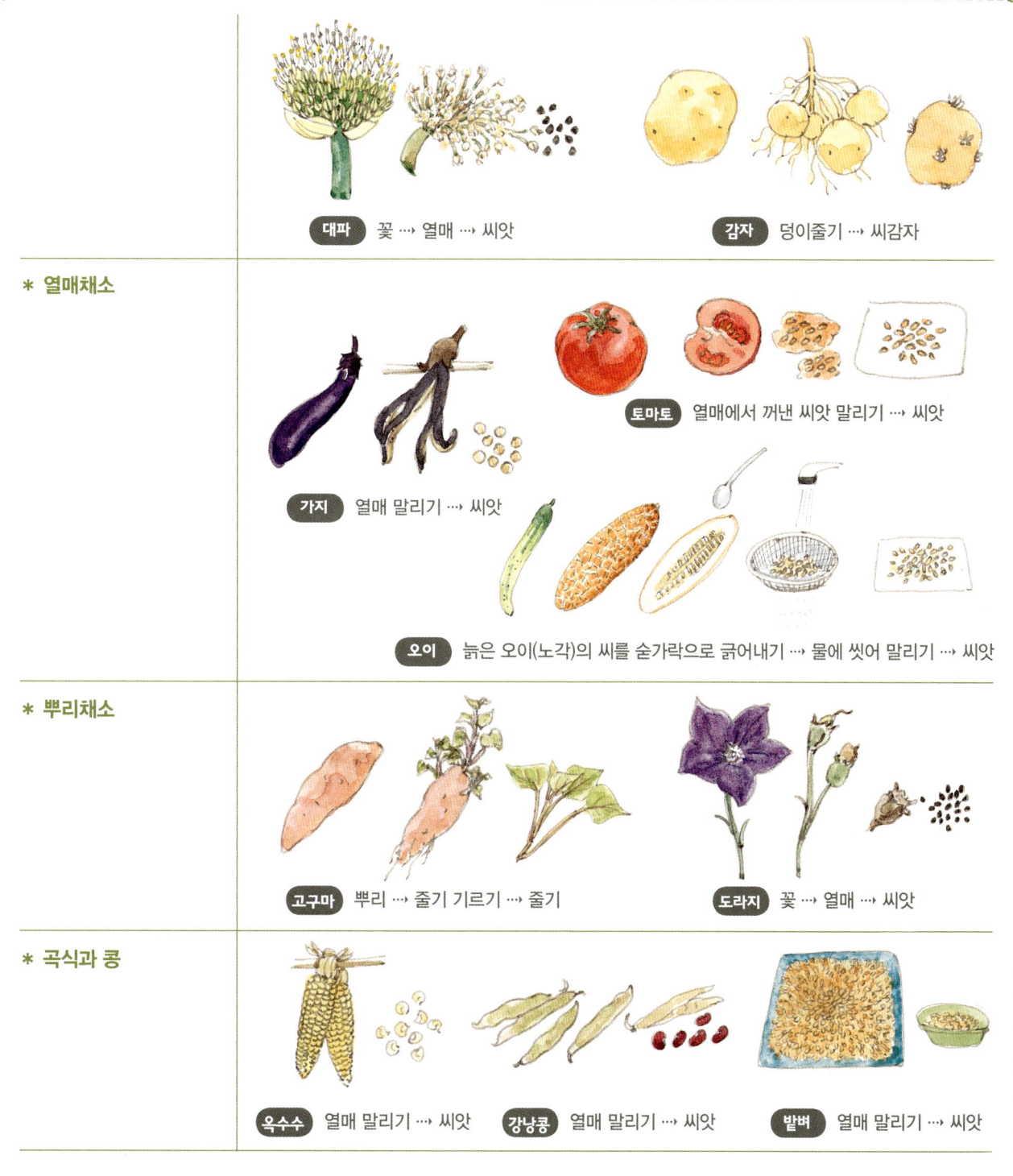

옛날에는 모두 이렇게 씨앗을 갈무리했답니다. 씨앗은 가장 예쁘고 알이 굵은 것으로 골라요.
농사짓는 사람은 누구나 씨앗을 무척 소중하게 여긴답니다.
참, 종묘상에서 파는 씨앗으로 기른 작물 중에는 씨를 받아서 심으면 싹이 나지 않게 만든
씨앗이 있어서 다음해에 싹이 안 나올 수도 있어요.

❖ 텃밭에서 기르는 볍씨가 따로 있나요?

벼는 우리나라 사람의 주식이에요. 무척 중요한 곡식이지요. 수천 년 전부터 벼농사를 짓기 시작했는데, 처음에는 밭벼로 길러 먹었어요. 그러다 농사짓는 방법이 점점 발달하면서 물을 좋아하는 벼를 논에 물을 대고 기르게 된 것이랍니다.
논벼가 밭벼보다 수확량이 훨씬 많아요.
밭벼는 요즘 논에서 기르는 벼와 종자가 달라요. 우리나라의 밭벼는 토종 씨앗이고, 논에 심는 벼는 대개 개량된 품종이 많아요.

논벼
'논'은 물을 대고 주로 벼를 가꾸는 땅을 말해요.
논을 한자로 '답(畓)'이라고 해요.
한자에도 '물 수(水)' 자가 들어 있지요?
우리나라의 벼농사는 대개 논에서 모내기를 해서 길러요.

밭벼
밭에 심어 기르는 벼예요. 밭은 한자로 '전(田)'이라고 해요.
밭은 물을 대지 않고 농작물을 기르는 땅이지요.
밭에서 벼를 기를 때에는 모내기를 하지 않고
곧바로 볍씨를 뿌려 가꿔요.

● 거름 이야기

❖ 거름을 꼭 만들어서 써야 하나요?

화학비료보다는 천연 거름을 만들어 써야 해요. 그래야 땅이 건강하게 되고, 땅이 건강하면 텃밭의 작물도 건강하답니다. 우리가 먹을 건데 건강하게 키워야 하지 않겠어요?

* 천연 거름을 만드는 여러 가지 방법

조금씩 만들어 써요

- 쌀을 씻을 때 나오는 쌀뜨물, 나물 삶은 물, 우유나 요구르트를 먹고 나서 병을 헹군 물 등을 모아요. 며칠 두었다가 밭에 뿌려요.

- 달걀 껍질은 말린 뒤, 으깨서 채소 옆에 뿌려 주면 거름이 되어요. 조개껍질이나 생선 뼈도 말렸다가 갈아서 주면 좋아요.

- 작은 통에 흙을 담고 음식물 찌꺼기를 파묻어요. 소금기가 있는 것은 물에 헹궈서 넣어요. 여기에 지렁이를 몇 마리 넣어두면, 지렁이 똥이 더욱 기름진 거름을 만들어 주어요.

가을이나 봄에 한꺼번에 만들어요

- 여러 가지 음식물 찌꺼기, 썩어서 못 먹게 된 채소와 과일, 밭에서 뽑은 풀, 나무에서 떨어진 잎을 모아요. 소금기가 있는 것은 물에 헹궈서 넣어요.
- 여기에, 숯, 왕겨, 볏짚 등을 잘게 부수어서 넣으면 더욱 좋아요.
- 재료들을 그늘진 곳에 모으고 모두 섞어요. 물기가 적은 편이 좋고, 설탕물을 조금 뿌리면 발효가 더욱 잘 된답니다.

- 거름을 비닐로 덮어서 물이 들어가지 않게 하고 온도는 따뜻하게 유지해 주어요.
- 몇 달 지나면 잘 삭아서 부슬부슬한 퇴비가 되지요. 좋은 퇴비는 썩은 냄새가 나지 않고 구수한 냄새가 나요.

❖ 거름은 많이 뿌리면 좋은 건가요?

요즘 텃밭 농사를 짓는 사람이 부쩍 많아졌어요. 농약을 뿌려서 텃밭을 짓는 사람은 거의 없어서 참 다행이에요. 그런데 거름은 무척 많이 뿌려요.
거름은 작물이 좋아하는 특정한 영양분을 공급해주기 때문에 꼭 필요해요. 하지만 영양제도 너무 많이 먹으면 몸에 좋지 않은 것처럼 비료도 너무 많이 뿌리면 땅에 좋지 않답니다. 화학비료는 물론이고 천연 거름도 너무 많이 뿌리면 땅이 힘을 잃고 거칠게 된다는 걸 기억해 주세요.

❖ 오줌똥으로 거름을 할 수 있나요?

천연 거름의 재료에서 빠진 게 있어요. 바로 '오줌과 똥'이에요. 냄새 나고 더럽다고요? 사람이나 동물이 눈 오줌똥은 무척 질 좋은 거름이에요! 오줌똥을 그냥 뿌리면 작물에 해가 되지만 발효시키거나 물에 희석시켜 뿌리면 문제가 없지요.
서양 사람들은 오줌똥을 거름으로 만들어 쓰지 않았어요.
그런데 우리나라와 중국, 일본 등에서는 지혜롭게도 수천 년 전부터 오줌똥을 질 좋은 거름으로 만들어 썼어요. 그래서 옛날에 우리 농부들은 남의 집에서 똥을 누지 않았다고 해요. 왠지 알아요? 거름이 될 똥을 귀하게 여겼기 때문이지요.
그런데 지금은 수세식 변기가 많아져서 오줌똥을 모으기가 힘들어요.

자, 이렇게 만들면 어떨까요?
화가 아줌마가 꿈꾸는 텃밭을 가꾸는 학교를 한번 볼래요?

내가 눈 똥으로 거름하기

똥을 모아서 거름을 만들었다가 텃밭에 뿌려요.
똥을 눈 뒤에 재나 톱밥을 뿌려서 한참 지나면 질 좋은 거름이 되어요.
아 참, 오줌은 따로 받아 두었다가 물과 섞어서 뿌리면
훌륭한 거름이 되지요.

빗물로 텃밭에 물주기

빗물을 받아 두었다가 필요할 때에 텃밭에 뿌려요. 빗물도 귀한 자원이에요.
비가 올 때 모아 두었다가 가뭄이 들거나 할 때에 쓸 수 있어요.
커다란 통에 빗물을 모아 두면 언제나 유용하게 쓸 수 있지요.
실제로 빗물을 모아 두었다가 쓰는 사람들이 많이 늘어나고 있어요.

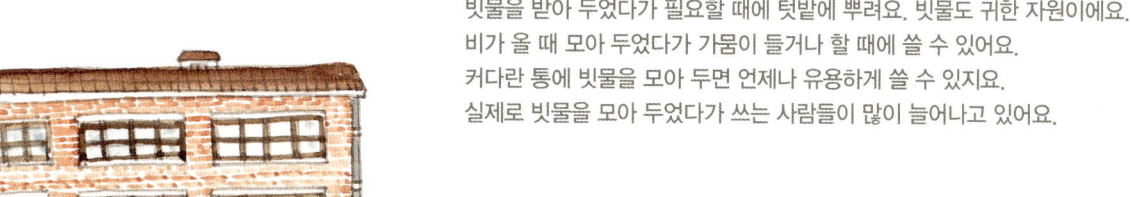

빗물 통

이런 학교를 만들면, 물과 거름 걱정 없이 맛있고 건강한 작물을 키울 수 있을 거예요.
건강한 먹을거리가 건강한 사람을 만들어요. 텃밭 농사를 지으면서 빗물을 활용하는 등
농사에 대한 지혜도 배우고 자연의 소중함도 함께 배울 수 있을 거예요.

❖ **텃밭을 취재한 곳**

서울 군자초등학교, 녹천초등학교, 사당초등학교, 충무초등학교,
서울 마포구 성미산, 경기도 광명 도덕산, 경기도 양평군,
충청북도 청원군, 전라북도 완주군 등

❖ **만든 사람들**

기획 _ 바람하늘지기

자연과 생태를 글과 그림으로 담아내는 사람들이 모인 곳이에요.
자연이 들려주는 이야기를 오롯이 전하는 책을 만듭니다.
어린이와 어른이 모두 좋아하고, 오래 볼 수 있는 생태 그림책을 만들어 갑니다.

글 _ 노정임

전라북도 완주의 작은 농촌 마을에서 태어나고 자란, 농부 노환철의 막내딸이에요.
대학에서 철학을 전공했고, 한겨레 작가학교 22기에서 글쓰기를 공부했어요.
어린이 논픽션책 편집자로 일하고 있어요. 생생한 자연의 모습을 사진으로 담아내고,
햇볕이 따뜻한 날에 풀밭을 천천히 걸어 다니는 것을 좋아해요.
쓴 책으로 《애벌레가 들려주는 나비 이야기》《소금쟁이가 들려주는 물속 생물 이야기》
《자연에서 소리로 배우는 훈민정음 ㄱㄴㄷ》《동물원이 좋아?》
《우리가 꼭 지켜야 할 벼》《아침에 일어나면 뽀뽀》 등이 있어요.

그림 _ 안경자

산 좋고 물 맑은 충청북도 청원에서 태어났습니다. 대학교에서 서양화를 공부한 뒤
어린이들에게 그림을 가르쳤어요. 지금은 식물 세밀화와 생태 그림을 그리고 있지요.
숨어 있는 곤충이나 작은 풀들을 잘 찾아내서 주위 사람들을 깜짝 놀라게 한답니다.
할머니가 되어서도 자연의 아름다움을 그리는 것이 꿈이에요.
《풀이 좋아》《무당벌레가 들려주는 텃밭 이야기》《겨울눈이 들려주는 학교 숲 이야기》
《자연에서 소리로 배우는 훈민정음 아야어여》《찔레 먹고 똥이 뿌지직》
《우리가 꼭 지켜야 할 벼》《숲과 들을 접시에 담다》 등에 그림을 그렸습니다.

감수 _ 노환철

40여 년 동안 농사를 지은 농부입니다. 1933년 전라북도 완주에서 태어났고,
일제 강점기 때 초등학교를 다녔어요. 한국 전쟁을 겪으며 중학교와 고등학교에서
공부한 뒤, 1957년 전북대학교 화학과에 입학했습니다. 대학을 졸업하고 3년 동안
고등국민학교에서 학생들을 가르치는 봉사활동을 하였습니다.
그 뒤 고향에서 40년 넘게 아내와 함께 농사를 지었고 6남매를 키웠습니다.
농사가 시작되는 봄부터 추수하는 가을까지 아침밥을 먹기 전에 논밭을 둘러보며
하루를 시작합니다. 농사를 지으려면 부지런하고 또 부지런해야 하기 때문이라고 합니다.
지금도 벼농사를 비롯해서 여러 가지 밭농사와 과일나무를 기르며
부지런한 농부로 살고 있습니다.

❖ **추천의 말**

보물이 한가득 담긴 《우리 학교 텃밭》

_ 배성호

책 속에 보물이 숨겨져 있다고요? 뚱딴지같은 말 같지만 이 책에는 진짜 보물들이 한가득 있습니다. 학교에서 텃밭은 보물들이 살아 숨 쉬는 장소입니다. 잘 자란 싱싱한 채소와 곡식이란 보물과, 텃밭과 더불어 성장하는 아이들이란 보물이 있기 때문이지요. 또한 무심코 지나쳤던 흙, 비, 해, 풀 그리고 벌레들까지 소중한 친구이자 고마운 보물이랍니다.

이 책 《우리 학교 텃밭》에서는 그 보물들이 서로 어떻게 교감하면서 풍성해지는지 따뜻한 그림과 이야기로 말을 건넵니다. 곡식과 채소가 무럭무럭 자라듯 이 책을 통해 텃밭과 함께하는 친구들도 마음과 몸이 건강하게 잘 자라날 것입니다. 무엇보다 이 책의 장점은 읽기로만 그치는 것이 아니라 책을 통해 직접 자연과 소통할 수 있는 계기를 마련해 준다는 점입니다.

행복의 파랑새는 멀리 있는 것이 아니라 바로 우리 곁에 있듯이 이 책이 전해준 보물인 학교 텃밭은 바로 우리 곁에 있습니다. 이제 이 책을 벗 삼아 직접 보물들을 찾으러 텃밭으로 함께 떠나 볼까요.

추천 _ 배성호

아이들이 유쾌하게 꿈과 희망을 키워갈 수 있도록 배움터를 교실로 한정짓지 않고 세상을 배움터 삼아 아이들과 더불어 성장하고 있는 선생님입니다.
평화와 역사에 관심이 많아 평화박물관 운영위원, 국립중앙박물관 학교연계교육 자문위원 등으로 활동했고 현재 초등학교에서 아이들과 함께하고 있습니다.
지은 책으로는 《더불어 사는 행복한 경제》《서울교과서 한강》《겨레의 통일과 평화》 《한글, 빛나는 발명품》《마주보는 한일사》 등이 있습니다.